문학과지성 시인선 2

안 보이는
사랑의 나라

마종기 시집

문학과지성사

문학과지성사에서 펴낸 마종기의 시집

모여서 사는 것이 어디 갈대들뿐이랴(1986)
그 나라 하늘빛(1991)
이슬의 눈(1997)
마종기 시전집(1999)
새들의 꿈에서는 나무 냄새가 난다(2002)
보이는 것을 바라는 것은 희망이 아니므로(2004, 시선집)
우리는 서로 부르고 있는 것일까(2006)
하늘의 맨살(2010)
마흔두 개의 초록(2015)
천사의 탄식(2020)

문학과지성 시인선 2
안 보이는 사랑의 나라

초판 1쇄 발행 1980년 9월 25일
초판 23쇄 발행 2017년 3월 3일
재판 1쇄 발행 2023년 2월 7일
재판 2쇄 발행 2025년 7월 25일

지은이 마종기
펴낸이 이광호
펴낸곳 ㈜**문학과지성사**
등록번호 제1993-000098호
주소 04034 서울 마포구 잔다리로7길 18(서교동 377-20)
전화 02)338-7224
팩스 02)323-4180(편집)   02)338-7221(영업)
대표메일 moonji@moonji.com
저작권 문의 copyright@moonji.com
홈페이지 www.moonji.com

ⓒ 마종기, 1980, 2023. Printed in Seoul, Korea

ISBN 978-89-320-1872-0 03810

이 책의 판권은 지은이와 ㈜**문학과지성사**에 있습니다.
양측의 서면 동의 없는 무단 전재 및 복제를 금합니다.

문학과지성 시인선 2
안 보이는 사랑의 나라

마종기

시인의 말

이 책에 수록된 시 중 1부는 졸시집 『변경의 꽃』 이후,
그러니까 1975년 말부터 1980년 중반까지 지난 4년 동안
한국에서 발표되었던 것들을 순서 없이 모은 것이고,
제2부는 황동규·김영태와 같이 펴낸 『평균율』(1968)
『평균율 2』(1972)에서 골라낸 것과 아직까지
개인 시집에 빠져 있던 몇 편을 넣은 것이다.
여기에 실린 것 중 얼마는 미국 시 잡지에 영역되어
발표된 것도 포함되었다.
외국에 10년도 넘게 살고 있는 내게 이 시집의 출판을
주선해주고 서둘러준 문학과지성사의 배려에 깊은 감사를
드리며, 부끄럽지만 이 시집을 나는 사랑하는 모국의
자유와 평강을 위해 바친다.

1980년 미국 오하이오주에서
마종기

안 보이는 사랑의 나라

차례

시인의 말

I
그림 그리기 9
성년의 비밀 10
꽃의 이유 2 11
무용 5 12
바람의 말 14
겨울 약속 15
나비의 꿈 16
몇 개의 허영 18
개구리 20
빙하시대의 불 22
새로운 소리를 찾아서 24
음악회 2 27
음악회 3 28
수요일의 시 29
즐겨 듣던 음악이 30
중산층 가정 31
선종善終 이후 4 32
낚시질 34
일상의 외국 35

프라하의 생선국　38
안 보이는 사랑의 나라　40

II

겨울 이야기　47
통계학　48
연가 9　49
연가 10　52
무용　54
무용 2　55
퇴원　57
시인의 방　58
겨울 이야기 3　60
증례 1　61
증례 2　62
증례 5　64
증례 6　66
장난감　68
음악회　69
목욕탕에서　71
두 개의 일상　73
미스터 제임스 밀러에게　75
선종 이후 1　77
선종 이후 2　79
선종 이후 3　81
응시　82
그리고 평화한 시대가　83

제3강의실　　86
유태인의 목관악기　　95
경학원經學院 자리　　96

해설
따뜻한 마음, 따뜻한 시·김주연　　98

I

그림 그리기

그림 그리기를 시작했다.
겨울같이 단순해지기로 했다.
창밖의 나무는 잠들고
형상形象의 눈은
헤매는 자의 뼛속에 쌓인다.

항아리를 그리기 시작했다.
빈 들판같이 살기로 했다.
남아 있던 것은 모두 썩어서
목마른 자의 술이 되게 하고
자라지 않는 사랑의 풀을 위해
어둡고 긴 내면의 길을
핥기 시작했다.

성년의 비밀

최후라고 속삭여다오.
벌판에 버려진 부정한 나목은
알고 있어, 알고 있어,
초저녁부터 서로 붙잡고
부딪치며 다치며 우는 소리를.

목숨을 걸면 무엇이고
무섭고 아름답겠지.
나도 목숨 건 사랑의
연한 피부를 쓰다듬고 싶다.

날아도 날아도 끝없는
성년의 날개를 접고
창을 닫는다. 빛의
모든 슬픔을 닫는다.

꽃의 이유 2

내가 난 해는 1939년이지만
그보다 7, 8년 전 내가 살던 곳에는
귀 아무리 기울여도 들리지 않는
가는 비가 며칠째 내리고 있었다.

나는 그러니까 창문이었겠지.
보랏빛 꽃이 안개같이 많이 보이고
빗속에서 그 꽃이 지고 있었다.
나는 문득 튼튼한 사내가 되고 싶었다.

무용 5

몸을 움직일 때마다
깊고 진하게 귀에 들려오는
소리를 들은 적 있어.

고통받고 있는 것 알면서도
평화는 돌아와주지 않던
무용수의 절망을 본 적 있어.

몸부림칠수록 작아지고
어두움이 두껍게 칠해지던
무용수의 꿈을 본 적 있어.

두 팔을 높이 올렸다
두 손을 폈다
머리를 치켜들었다
온몸을 흔들었다
어둡다, 어둡다,
흔들다가 쓰러졌다가
다시 일어났다.

무대의 전 세계가 흔들리고
소름 끼치게 무서운
무용수의 자유를 본 적 있어.
두 눈에서는 불빛이 뻗던
자유의 뜨거운 얼굴을 본 적 있어.

바람의 말

우리가 모두 떠난 뒤
내 영혼이 당신 옆을 스치면
설마라도 봄 나뭇가지 흔드는
바람이라고 생각지는 마.

나 오늘 그대 알았던
땅 그림자 한 모서리에
꽃나무 하나 심어놓으려니
그 나무 자라서 꽃 피우면
우리가 알아서 얻은 모든 괴로움이
꽃잎 되어서 날아가버릴 거야.

꽃잎 되어서 날아가버린다.
참을 수 없게 아득하고 헛된 일이지만
어쩌면 세상의 모든 일을
지척의 자로만 재고 살 건가.
가끔 바람 부는 쪽으로 귀 기울이면
착한 당신, 피곤해져도 잊지 마,
아득하게 멀리서 오는 바람의 말을.

겨울 약속

당신 허리 근처를
물어주겠다.
안식의 나이가 되면.

장갑을 껴도 까칠하게 트는
내 불면의 겨울 손으로
당신 등을 쓸어내리겠다.
오래 내리겠다.

겨울밤의 정적 속으로
매해 참아오던 폭설처럼
당신을 덮겠다.

당신 귀에 입을 대고
당신 입은 목에 대고
노래의 잔털도 보여주겠다.

그 겨울이 아무리 추울지라도
눈물은 눈물끼리 섞이게 하고
물은 물끼리 흔들리게 하고.

나비의 꿈

1

날자.
이만큼 살았으면 됐지.
헤매고 부딪치면서 늙어야지.

(외국은 잠시 여행에 빛나고
이삼 년 공부하기 알맞지
십 년이 넘으면 외국은
참으로 우습고 황량하구나.)

자주 보는 꿈속의 나비
우리가 허송한 시간의 날개로
바다를 건너는 나비,
나는 매일 쉬지 않고 날았다.
절망하지 않고 사는 표정
절망하지 않고 들리는 음악.

2

그래서 절망하지 않은 몸으로
비가 오는 날 저녁
한국의 항구에서
당신을 만나고 싶다.
낯선 길에 서 있는 목련은
꽃 피기 전에 비에 지고
비 맞은 나비가 되어서라도
그날을 만나고 싶다.

몇 개의 허영

외국에 십 년도 넘게 살면서
향기도 방향도 없는 바람만 만나다 보면
헐값의 허영은 몇 개쯤 생길 수 있지.

호박잎쌈을 싸 먹고 싶다.
익은 호박잎 잔털 끝에
목구멍이 칼칼해지도록.
목포 앞바다의 생낙지도
동해의 팔팔한 물오징어도.

배가 부르면 마라톤도 뛰고 싶다.
6·25 전이었기는 하지만 매일 저녁 맨발로 뛰던
우물집 세천이와 생선 가게 광수랑 같이
창경궁, 돈화문, 종로 3가, 4가, 5가
숨이 차서 돌아오던 혜화동로터리쯤.

이젠 그런 세월이 아니라면
산보라도 하고 싶다.
유난히 이쁜 계집애 많던 명륜동 뒷골목을

아침이나 저녁이나 비슷하게 끓던 골목,
팍팍한 그 된장찌개도 먹고 싶다.

이제 알 듯도 하다.
돌아가신 선친이 다 던지고 귀국하신 뒤
아쉬움 속에서도 즐기시던 당신의 가난을,
가난 속에서 알뜰히 즐기시던 몇 개의 허영을.

개구리

1

예과 시절에는 개구리 잡아 목판에 사지를 못 박고 산 채로 배를 째고 내장을 주물럭거리고 이것이 콩팥, 이것이 염통 외워도 봤지만, 개구리 배 속의 구조를 알아보아야 사실 그게 개구리와 무슨 상관인가. 개구리는 자꾸 일찍 죽고 싶었겠지.

그때는 논밭이었던 불광동에 나가 개구리 잡아 삶아서 뼈를 추리고 그 뼈를 다시 탈색시키고 흰 매니큐어로 관절을 붙였지만, 그 희고 아름답고 향기로운 골격도 역시 개구리와는 상관없는 것이었군.

잘 가라. 눈에 문득 보이는 몇 개의 꽃들, 그 시절에 피 흘리고 물러나던 몇 개의 꽃들. 서로서로 상관없음을 알고 난 후에도 세련되지 않았던 우리들의 아름다움과 용기여, 안녕!

2

개구리같이 산다.
배고플 때 먹고 밤 되면 자고
주말에는 뜨거운
찜질이나 하고.

적당히 낮은 물속
적당히 높은 언덕
흰 머리칼이나 세어보고
잔주름 사이 로션이나 바르고
생각할 것도 없는 임기응변 연습.

목쉰 소리도 씻고 귀도 씻고
가끔 보리 털이나 태워
숭늉이나 해 마시면서
맹물같이 있는 듯 없는 듯 사는 연습.

개구리가 되어가는 수수께끼
개구리가 늙어가는 수수께끼.

빙하시대의 불

1

날씨는 매일 흐렸다.
돌을 다듬던 손은 얼고
대신 빛나기 시작하는
날카로운 돌의 이빨을 본다.
길고 긴 빙하시대.
거처에는 피할 수 없이
얼음산의 얼굴 커지고
불타다 남은 그림자를 거두어
소리 없이 어는
우리들의 뼈를 덮는다.

2

아껴라, 아껴라,
시대의 불.
살벌하고 냉엄한 때가 온다.

날카로운 석기의 연장도 재가 되고
불과 나의 대화가 끝날 때까지,
원시인의 눈물로도 감출 수 없던
어둡고 긴 밤의 우리들의 꿈.

잊지 마라,
낮게 타는 불은 산 위에 서고
빙판에 붙는 불은
우리들의 끝없는 대답이다.

새로운 소리를 찾아서

1. 소리의 발단

의학적으로 말하자면, 소리는
작고 큰 공기의 흔들림이
세 개의 흰 뼈의 다리를 지나
드디어 맑은 물에 닿을 때
피어나는 것.

정확하게 말하자면, 소리는
당신 가슴의 많은 떨림이
길고 은근한 여행에서 돌아와
드디어 벗은 몸의 밝은 눈을 뜰 때.

2. 새소리

마지막 남은 몇 잎의 낙엽이 총 맞은 작은 새가 되어 핏빛으로 비틀거리며 하강하는 소리 들으면서, 나는 손잡아 세워줄 사람도 없는 공동空洞의 어두운 날들을 보내고 있었다. 올해도 여전히 눈 위에서 어는 어려운 울음소리를 듣겠군.

3. 물소리

소년은 종일 자갈돌을 시냇가에 던졌다. 그리고 그 소리가 천천히 하늘로 오르는 것을 보고 있었다. 저녁이 되어 긴 나무 그림자가 시내의 한끝을 어루만지며 덮는 소리 들릴 때까지, 그래서 이제는 소리가 하늘보다 오히려 물속으로 가라앉는 것까지 유심히 보고 있었다.

4. 소리의 생태

손바닥에 장못을 박던 소리
발등을 겹쳐 못 박던 소리
높고 메마른 입술에서 현기증 일으키며
피 흘리던 사람의 소리 이후

소리를 죽이는 소리,
작은 소리를 치는 큰 소리
큰 소리를 물어뜯는

여러 개의 작은 소리,
쓰러지는 소리,
소리를 흔들어 깨우는 소리
빨리 일어나는 소리.

피 흘리던 사람의 소리 이후
고통을 받는 자는 느낄 뿐
고통의 소리는 나지 않는다.

음악회 2
―피아니스트 페라이어

슬픔의 사랑스러움,
예감의 사랑스러움,
귓속에 가득 차는
소리의 사랑스러움,
발정의 사랑스러움.

사원과 호수와 요리, 혹은
십 몇 년 전 명륜동 목욕탕 수증기.
사원과 종소리와 숲의 정경, 혹은
서울 근교의 은행나무 이끼,
정경의 아름다움,
환청의 아름다움,
밤늦게 끝까지 들리는
발기한 소리의 아름다움.

음악회 3

근래의 마우리치오 폴리니나
그 주위 친구들의 음성은
이제 귀를 적시지 않고
머리털 끝에 이슬같이 묻어 있다.
내가 어두울 때 이마를 식혀준다.

많은 신경의 구름이여,
한때 못 견뎌 한 사람 있었기로서니
아직도 무심한 습기의 두 눈으로
깊고 먼 물 건너에서만 흔들리고.

근래의 마우리치오 폴리니나
그 주위 친구들의 율동은
온몸의 상처로만
나를 증거해준다.

수요일의 시

시가 흠허물 없는
친구가 마침내 되어
바람이 불어도 춥지 않고
밤이 되어도 외롭지 않은
은근한 불빛으로 비칠 때까지.

기다리지 못하고 꽃이 피어도
매해 이른 봄 수요일이면
유신有信한 친구가 되어 방문하리니
그때면 내 이마에도 재를 바르고
죽고 사는 이야기는 웃어넘겨야지.

이 길고 긴 갈증의 나날,
이마의 뜨거운 열과 방황이
마침내 재가 되어 날릴 때까지.

즐겨 듣던 음악이

즐겨 듣던 음악이 나무가 되어
수천만의 밝고 싱싱한 잎을 흔들면
구식의 서양 하늘을 높이 떠나는 새처럼
떠나다오, 내가 그늘에 안주하기 전
더 많은 나무가 모여 아우성치는 숲으로.

즐겨 듣던 음악이 번개가 되어
추운 밤의 창가에서 불을 밝히면
보인다, 어색하던 그 밤의 인성의 불,
우리들의 건물은 숨은 손끝에 뜨거워지고
눈에는 눈, 가벼운 구름에는 가벼운 구름
전신으로 마찰하며 소리 나던 불.

중산층 가정

아버지는 돌아가신 뒤 주로 금곡 묘지 근처의 언덕을 중심으로 돌아다니시고 때때로 자식 걱정에 잠 못 드시겠지만, 어머니는 십여 년 홀로 사시면서 요즈음은 남의 땅 신혼 시절의 골목길을 걸으신다지. 남동생은 이민 와서 에리호 근처에 자주 나가 어처구니없이 앉아 있다더니 여동생은 시카고 남쪽 흐린 연기 속에 무얼 하고 있을까.

한때는 우리도 따뜻한 중산층 가정이었다. 명륜동 집에서 매일 머리 맞대고 얼간 꽁치로 저녁을 먹고, 모여 앉아 텔레비전 방송극도 보고 가끔은 식후의 과자도 나누어 먹었다. 십 년이 겨우 넘은 시간—십 년의 폭탄은 우리를 산산이 깨뜨리고 나는 한쪽 파편이 되어 태평양 건너에서 굴러다닌다.

그렇다. 파편이라는 뜻을 버릴 수 없다. 긴장의 순간에 빛나던 시간은 사라져버리고 더 이상 소리 낼 수도 폭파될 수도, 불을 지를 수도 없어서 자유로운, 자유로워서 아름다울 수 없는 침전의 생활을. 그러나 한낮에도 미지의 땅에서 먼지를 뒤집어쓰는 파편의 뜻을 버릴 수 없다.

선종善終 이후 4

가끔 당신을 만나요.
먼 나라 낯선 도시에
나는 지금 살지만
나를 찾아온 환자 중에서도
비슷한 윤곽, 안경과 대머리
당신은 미소하시겠지만
나는 말없이 반가워서 속으로 울어요.

가끔 당신을 만나요.
외국어로 대화를 나눌 수밖에 없고
가끔 당신의 살이 더 희어지고
눈이 파래지더라도
당신이 환자들의 고통과 두려움 사이로
대견하게 나를 보시는 마음을 알아요.

고통을 끝없이 보는 고통을 아시지요.
두려움을 지키는 두려움의 계속
내가 그 안에서 향방 잃은 표정이 되면
어느 여가에 여기까지 오셔요.

창밖에서 빗속으로 불러주시는
한밤에도 귀에 익은 목소리 들어요.

낚시질

낚시질하다
찌를 보기도 졸리운 낮
문득 저 물속에서 물고기는
왜 매일 사는 걸까.

물고기는 왜 사는가.
지렁이는 왜 사는가.
물고기는 평생을 헤엄만 치면서
왜 사는가.

낚시질하다
문득 온몸이 끓어오르는 대낮,
더 이상 이렇게 살 수만은 없다고
중년의 흙바닥에 엎드려
물고기같이 울었다.

일상의 외국

봄

겨우내 돌보지 않던 뜰에서
튤립 줄기가 자란다.
오래 잊고 지내던 생각의 여인이
싱싱한 풀 향기로 내게 온다.

여름

남해 작은 섬 평상에 누워
낮잠이 들기 전
한 마리 파리 소리
그립다.
외국의 고급 침대에 누워
잠이 오지 않는
여름 나이.

가을

아무 데 살아도 이때쯤에는
귀뚜라미 소리가 들려.
작은 목소리지만
장거리로 멀리까지 오는 말.

감추었던 외로움의
꼬리는 젖지만
비가 오면 담장 밖에는
무궁화도 피지.
넌 아직은
내가 안을 수 있어.

겨울

눈 깊이 내린 저녁
딴 도시의 연주회.

파이프오르간은
빈혈의 내장까지 흔들었다.
눈 속에 묻힌 배경으로
저음이 내리고 있었다.

프라하의 생선국

동구의 프라하시를 휩쓸던 희망이
미구未久에 쓰러지고
두브체크 수상의 자유의 미소가
빗물에 젖어 찢겼다.

봄의 국기는 어둠 속에 지고
음각으로 서 있는 목조의 레스토랑.
선혈 튀던 기旗는 먼지를 쓴 채
키 작은 체코슬로바키아 노파가 끓인
프라하식 생선국을 마신다.

뉴욕 맨해튼 동쪽 변의 봄비가
나를 다시 주시하기 시작한다.
(억울해서 미국에 왔지만
이대로 늙는 것은 용기가 아니야
바보가 된 용기는 용기가 아니야.)

목쉰 소리 체코슬로바키아 노파의 눈에
잃어버린 아들의 뼈가 녹는다.

필요 없는 혀들은 잘라서 양념하고
뼈까지 다 녹인 생선국.
(다시 기를 들어야지, 다시.)

안 보이는 사랑의 나라

1. 옥저沃沮의 삼베

중학교 국사 시간에 동해 변 함경도 땅, 옥저라는 작은 나라를 배운 적이 있습니다. 그날 밤 꿈에 나는 옛날 옥저 사람들 사이에 끼여 조랑말을 타고 좁은 산길을 정처 없이 가고 있었습니다. 조랑말 뒷등에는 삼베를 조금 말아 걸고 건들건들 고구려로 간다고 들었습니다. 나는 갑자기 삼베 장수가 된 것이 억울해 마음을 태웠지만 벌써 때늦었다고 포기한 채 씀바귀꽃이 지천으로 핀 고개를 넘어가고 있었습니다. 드디어 딴 나라의 큰 마을에 당도하고 금빛 요란한 성문이 열렸습니다. 무슨 이유인지 지금은 잊었지만, 나는 그때부터 이곳에 떨어져 살아야 한다는 말을 들었습니다. 아버지, 어머니가 고구려 사람이 아닌데 혼자서 이 큰 곳에 살아야 할 것이 두려워 나는 손에 든 삼베 묶음에 얼굴을 파묻고 울음을 참았습니다. 그때 그 삼베 묶음에서 나던 비릿한 냄새를 나는 아직도 잊을 수 없습니다. 그 삼베 냄새가 구원인 것처럼 코를 박은 채 나는 누구에겐지도 모르게 안녕, 안녕 계속 헤어지는 인사를 하였습니다. 아무것도 보이지 않아 헛다리를 짚으면서도. 어느덧 나는 삼베옷을 입은 옥저 사람이 되어 있었습니다. 오래전 국사 시간에 옥저라는 조그만 나라를 배운 적이 있습니다.

2. 기해년의 강
— 슬픔은 살과 피에서 흘러나온다.
기해己亥 순교복자殉教福者 최창흡

이 고장의 바람은 어두운 강 밑에서 자라고
이 고장의 살과 피는 바람이 끌고 가는 방향이다.
서소문 밖, 새남터에 터지는 피 강물 이루고
탈수된 영혼은 선대의 강물 속에서 깨어난다.
안 보이는 나라를 믿는 안 보이는 사람들.

희광이야, 두 눈 뜬 희광이야,
19세기 조선의 미친 희광이야,
눈 감아라, 목 떨어진다, 눈 떨어진다.
오래 사는 강은 향기 없는 강

참수한 머리에 떨어지는 빗물 소리는
한 나라의 길고 긴 슬픔이다.

3. 대화

아빠, 무섭지 않아?
아냐, 어두워.
인제 어디 갈 거야?
가봐야지.
아주 못 보는 건 아니지?
아니. 가끔 만날 거야.
이렇게 어두운 데서만?
아니. 밝은 데서도 볼 거다.
아빠는 아빠 나라로 갈 거야?
아무래도 그쪽이 내게는 정답지.
여기서는 재미없었어?
재미도 있었지.
근데 왜 가려구?

아무래도 더 쓸쓸할 것 같애.

죽어두 쓸쓸한 게 있어?

마찬가지야. 어두워.

내 집도 자동차도 없는 나라가 좋아?

아빠 나라니까.

나라야 많은데 나라가 뭐가 중요해?

할아버지가 계시니까.

돌아가셨잖아?

계시니까.

그것뿐이야?

친구도 있으니까.

지금도 아빠를 기억하는 친구 있을까?

없어도 친구가 있으니까.

기억도 못 해주는 친구는 뭐 해?

내가 사랑하니까.

사랑은 아무 데서나 자랄 수 있잖아?

아무 데서나 사는 건 아닌 것 같애.

아빠는 그럼 사랑을 기억하려고 시를 쓴 거야?

어두워서 불을 켜려고 썼지.

시가 불이야?
나한테는 등불이었으니까.
아빠는 그래도 어두웠잖아?
등불이 자꾸 꺼졌지.
아빠가 사랑하는 나라가 보여?
등불이 있으니까.
그래도 멀어서 안 보이는데?
등불이 있으니까.

―― 아빠, 갔다가 꼭 돌아와요. 아빠가 찾던 것은 아마 없을지도 몰라. 그렇지만 꼭 찾아보세요. 그래서 아빠, 더 이상 헤매지 마세요.

―― 밤새 내리던 눈이 드디어 그쳤다. 나는 다시 길을 떠난다. 오래전 고국을 떠난 이후 쌓이고 쌓인 눈으로 내 발자국 하나도 식별할 수 없는 천지지만 맹물이 되어 쓰러지기 전에 일어나 길을 떠난다.

II

겨울 이야기

겨울은 어떻게 오던가.
빈 뜰에 이른 어두움 내리고
빛나던 강물 소리 그치고
그 뺨에는 하얀 성애.

의정부행이었지,
뜻밖에도 눈이 내릴 때
마지막 밤 버스에
흔들리던 요한계시록,
밤새 눈을 맞는
효부이천서씨지묘孝婦利川徐氏之墓.

선종하는 노인의 웃음 끝에도
한 줄씩 조용한 눈물.
그 눈물의 속도처럼 아직
겨울은 혼자서 머물고 있다.

통계학

1966년의 내 통계학은
50여 명의 살인
200여 명의 사망진단.
숨 거두는 모습 기다려보자면
사람들은 모두 같아,
참으로 외로워 보이더라.
한 줄씩 눈물을 흘리면서 헤어지지.

내 1966년의 외국은
깊은 눈 속 자각의 손도 얼어
이제는 시그마의 기호도 몸에 감춘 채
이 실증實證의 거리에 나서다.

연가 9

1

전송하면서
살고 있네.

죽은 친구는 조용히 찾아와
봄날의 물속에서
귓속말로 속살거리지,
죽고 사는 것은 물소리 같다.

그럴까, 봄날도 벌써 어둡고
그 친구들 허전한 웃음 끝을
몰래 배우네.

2

 의학교醫學校에 다니던 오월에, 시체들 즐비한 해부학 교실에서 밤샘을 한 어두운 새벽녘에, 나는 순진한 사랑을 고백한 적이 있네. 희미한 전구와 시체들 속살거리는 속에서, 우리는 인육人肉 묻은 가운을 입은 채.

  그 일 년이 가시기 전에 시체는 부스러지고 사랑도 헤어져 나는 자라지도 않는 나이를 먹으면서 실내의 방황, 실내의 정적을 익히면서 걸었네. 홍차를 마시고 싶다던 앳된 환자는 다음 날엔 잘 녹은 소리가 되고 나는 멀리 서서도 생각할 것이 있었네.

3

  친구가 있으면
  물어보았네.

  무심히 걸어가는 뒷모습
  하루 종일 시달린 저녁의 뜻을.

  우연히 잠 깨인 밤에는
  내가 소유한 빈 목록표를,

적적한 밤이 부르는 소리를.

우리의 내부는
깊이 물속에 가라앉고
기대하던 그 웃음을
물어보았네.

연가 10

1

이렇게 어설픈 도시에서 하숙을 하는 밤에는 월트디즈니의 만화영화를 보자. 하숙이 허술해서 몽땅 도둑을 맞았으니 난로를 때는 이 극장이 격에 어울리지. 총천연색의 세상에서 나도 메뚜기가 되어보면, 밖에는 눈이 그칠 새 없이 내리고 혼자 보고 혼자 오는 발이 시리다.

2

도서관을 돌다가 무심결에 호흡기내과 책 한 권을 뽑았더니, 겉장에는 알 케이 알렉산드리아의 사인이 있고 철필鐵筆로 쓴—보스턴, 매사추세츠, 1879년 8월 2일. 1879년 8월 2일은 날씨가 흐렸다. 흐려진 철필 글씨, 무덤 속에 있는 내과 의사 알렉산드리아 씨의 손자국을 유심히 본다. 1966년을 내 책에 기입하고 나도 훌륭한 내과 의사가 될 것이다.

3

현관이 있는 집을 가지면 소리 은은한 초인종을 달고, 지나가던 친구를 맞으려고 했었지. 파란 항공 엽서로는 편지를 쓰면서 겨울을 사랑하고, 테 없는 안경을 끼고 수염을 조금만 키운 뒤, 조용히 가라앉은 목소리로 헤세의 아우구스투스를 읽으려고 했었지. 이제 당신은 알고 말았군. 길어야 6개월의 대화만이 남은 것, 6개월의 사랑, 6개월의 세상, 6개월의 저녁을, 그리고 나에게 남은 6개월의 상심을, 6개월의 눈물을 알고 말았군.

무용
―폴린 코너 씨에게

나도 당신의 무용 같은
사랑을 한 적이 있었다.
하나의 동작이
깊이 가슴에 남아
그 무게로 고개를 숙여버리던
그때는 봄이던가, 가을이던가,
당신이 존경하는 화가의
그 무리한 표정으로
나도 층층대를 올라가
방문을 한 적이 있었다.
움직이지 않는 당신의 무용,
소리 없는 음악,
그래도 충만한 당신의 무용만큼
안부 없는 사랑을 한 적이 있었다.

무용 2

1

당신은 시종始終
맨발로 무용하지만
우리 어머니,
겨울 눈도 뿌리는데
서대문시장에서
구제품 구두를 사 신고
출퇴근 버스에 밟히면서
꿈같이 꿈같이 무용만 아는 어머니.

2

불수의근육不隨意筋肉이 수축한다.
위궤양을 앓던 대학 시절
우리의 막간은 길고
모든 계획은 뿌리 뽑혔다.
당신의 올린 두 팔에 모이는

수만 메가 볼트의 정지열靜止熱.

3

무대를 올리기 전에
상면相面의 시간과 장소를 확정할 것.
조명의 시가지를 벗어나는,
이렇게도 좁았던
생활의 반경을 벗어나는
천사들의 오락.

퇴원

십여 년 전 한여름에
나는 퇴원했다.
밝은 햇살이 나를 향해 웃고
도시의 소음도 즐거운 노래 같던
십여 년 전 한여름에
나는 감사를 배웠다.

여름 꽃이 웃는다.
이국의 한 병동에
이제 나는 의사가 되어
퇴원하는 환자에게 꽃을 준다.
보이지 않는 꽃,
십여 년 전 한여름의
내 웃음을 전해준다.

그래서 내 꽃은 긴 여행을 했다.
당신은 그 모든 꽃 위에 의미를 주신다.
피어나고 낙화하고 열매 맺는
당신의 향기.

시인의 방

19세기의 촛대에 불을 밝히고 윤기 있는 생목生木의 책상을 빼면, 시인의 방은 씨암탉의 모이주머니, 샤갈 선생의 진주가 있는 씨암탉이다. 버밀리언색의 작은 눈.

그래서 선생은 몇 해 불란서의 우체국장을 지내고 지금은 죽어서 고향에 돌아가 닭을 치고 있었다. 시인의 방은 프랑크푸르트 암 마인의 엽서, 시인의 방은 구라파의 묘한 우표다.

나는 특별 군사훈련에서 적십자 마크의 철모를 쓴 채 지쳐 쓰러지고 밤이슬에 선잠을 깨면, 시인의 방은 열대 식물을 위한 온실, 지중해를 여행하던 애인은 햇볕에 잘 영글은 자갈돌 두 개를 소포로 부쳐주었다.

어느 땐들 우리는 은둔자의 눈을 존경치 않을 때가 없었지만, 어두운 여름 새벽 산길에서 혼자 눈 뜨면 온몸에 이슬을 맞는 은둔자의 흐려진 감각을— 기억 중에서도 시들어가는 사랑을 생각지 않을 수 없었다.

그렇다. 우리는 한때 세상을 빛나게 하던 중독증을 가지고 있다. 샤갈 선생의 엽서나 자갈돌 두 개. 나는 그러나 아직도 따뜻한 나의 시인의 용도나 궁리해볼 뿐인 것이다.

겨울 이야기 3

건넌방 솜이불 속
단내 나는 구들장을 그리며
두 칸 방을 주름잡는
이마 시린 외풍을 그리며
외도를 그리며
발치에서 겨울 먼지 먹은
매화의 조그만 얼굴을 그리며
늦잠 끝에 날으는
장롱의 늙은 쌍학雙鶴을 그리며
밖에 나가면,
김칫독 속의 곰팡이를 그리며
맞아, 쪼그리고 앉은 무릎에
이씨조선의 독종 곰팡이.
겨울이 오기 전의 아버지,
꼿꼿이 누운 골패짝에
흔들리던 양반의
새끼손가락.

증례 1

켄터키 루이빌 출생, 29세
미혼 백인 남자
시신의 확인 : 1966년 11월 3일

당신이 살았을 때
말하고 웃을 때
나는 몸에 큰 가운을 입고
김치 생각을 했다.
당신이 살았을 때
블론드의 사진을 자랑할 때
나는 어머니 생각을 했다.
당신이 죽었을 때
6척 창밖에는 새벽이 서서 작별하고
나는 1분간의 검진으로
죽음을 확인한다.
인생은 모르고 지내다
돌려주는 것,
밤새 비 오다 그친 병원 뜰
윤기 있는 나무 한 그루,
문득 돌아서서 당신을 본다.

증례 2

 내 옆집 브레이셔 할머니는 여름밤 등의자에 앉아 미국 이민사를 이야기해주었다. 뉴욕시의 교육으로 아직 안경 속에 온정이 있어도 보이는 쓸쓸한 발음, 자식은 성공을 해 옆에 없고 혼자 사는 2층 방에 빛나는 과거의 사진틀.

 병원에서 위독을 알려도 그랬지. 색감 있는 카드와 항공편 꽃다발이 석양에 밝아도 방문객 없는 할머니—당신은 외국 의사의 내 환자. 대국의 외로움은 내 눈에 보인다. 차가운 철판 부검대에서 골을 자르고 얼굴 껍질을 벗기고 내장을 뜯어내어도, 조용하게 입 다문 당신의 외로움, 내 눈에 보인다.

 나는 모든 내 환자를 가장 깊이 안다. 병실의 어두운 고백을 듣고, 그 마지막 열망과 죽음이 오는 소리를 듣는다. 그래서 죽음이 천천히 혹은 돌연히 찾아왔을 때 나는 육신을 산산이 나누어 병인病因을 보고, 마침내 텅텅 빈 복강腹腔의 허탈한 공간 속에 내 오랜 침묵을 넣고 문을 닫는다.

사람이여, 그리웁고 사랑스러운 사람이여. 망자의 사지에 힘주던 핏물로써 네 몸을 이제 기억할 수는 없다. 어느 날 우리의 복강에서도 이름 모를 산꽃이 피고 변형된 생애가 다시 자라면, 그때 이 현세의 산란한 바람을 다스려 우리는 서로 보리라. 산골짜기 냇물 속에서 만나리라, 사람이여.

증례 5

1

당신이 죽은 건 내 오진 때문만은 아니었지만 당신이 12동 병실에서 장례소로 퇴근할 때 나는 퇴근할 기운도 용기도 없었네. 용서하게.

사실 오진은 내가 의사가 된 것이었지. 고등학교 대수代數 시험 때 숱한 오산은 말해서 시금석이었지만, 당신의 죽음으로는 차운 비석이 설 뿐이네.

생시의 골목길에서 혹은 어느 꿈에서 후회하고 산다는 사람 만나면 용서해주게. 당신의 후회를 나누어 가슴에 안고 있네. 그러나 밤은 뉘우침보다 빨리 온다.

2

공동묘지를 새벽에 지나면
항상 박하 냄새 난다.

박하 내 나는 4각의 창
그 창밖에서 새벽은
안을 보는 연습이 필요하다.
천장도 바닥도 모서리도 없는
한 개인의 이온화 현상.
그 싱싱한 몸을 일으켜
밤이면 다시 목견目睍하리니
언제 내 손을 깊이 씻어
당신의 지문을 찾아내리.

증례 6
── 앤 선더스 아가에게

내가 한 아가의 아빠가 되기 전까지는 환자는 늙으나 어리나 환자였고, 내가 아빠가 되기 전까지는 나는 기계처럼 치료하고 그 울음에 보이지 않는 신경질을 내고, 내가 하루하루 크는 귀여운 아가의 아빠가 되기 전까지는 내 같잖은 의사의 눈에서 연민의 작은 꽃 한번 몽우리 지지 않았지.

가슴뼈 속에 대못 같은 바늘을 꽂아 비로소 오래 살지 못하는 병을 진단한 뒤에 나는 네 병실을 겉돌고, 열기 오른 뺨으로 네가 손짓할 때 나는 또다시 망연한 나그네가 되었지. 그리고 어느 날 엉뚱한 내 팔에 안겨 숨질 때, 나는 드디어 귀엽게 살아 있는 너를 보았다. 아, 이제 아프게 몽우리 졌다. 내 아픔이 물소리 되어 낮에도 밤에도 속삭이는구나.

미워하지 마라 아가야. 이 땅의 한곳에서 죽고 나면 그만이라는 패기 있는 철학자의 연구를 미워하지 마라. 너는 그이들보다 착하다. 나이 들어 자랄수록 건망증은 늘고, 보이는 것만 보는 눈은 어두워진다. 그이들은 비웃지만 아가야, 너는 죽어서 내게 다시 증명했다. 살아서도 죽어서도 헤어지지 않는다.

장난감

내 소싯적 장남감은
2차 대전 끝에
쓰레기가 되고
6·25사변에는
호박죽을 먹고
진흙을 뭉개고 놀았다.
그리고 허기 차 쳐다보는
여름 하늘 구름.

내 아가야,
어깨가 늘어져 퇴근하는
아빠를 맞는 아가야,
네 눈웃음은 이제
유일한 내 장난감이고
나는 네 장난감을 굴리는
빈 풀밭이다.

네가 잠든 후에도
쉽게 잠들지 못하는
빈 풀밭이다.

음악회

1

드뷔시의 등에
눈이 또 내린다.
1950년대의 막역한 친구들이
골방의 외로움을 털고 일어나
백합을 본다.
젊은 여자는 대체로
동양이고 서양이고
나신이 더 매력적이지만
백합보다 어린 금발의 꽃을
나는 고정시킨다.

2

청년이 된 다비트 오이스트라흐가
음악회장을 빠져나와
바이올린형의 정구채로
창창하게 정구를 친다.

나는 결정적으로 대결한다.
휴게 시간에는
전란의 땀으로 젖은
손바닥을 닦는다.

3

내가 술만 마신 군대 시절에
분을 바른 고아들이
합창을 하면서 나를 위문했다.
모가지가 휘어지는 철모를 쓰고
나는 애매하게 위문을 받았다.
시뻘겋게 단 당직실 난로에서
구스타프 말러의 혼이
벌써 석탄이 되어
뜨겁게 뜨겁게 타는 것을 보고
꽝꽝 얼어붙은 지상에도
불꽃이 퍼지기를 몰래 기다렸다.

목욕탕에서

물이 물을 씻는다.
부드러운 물이
단단한 물을 비빈다.
당신의 부드러운
몸을 비빈다.

우리들의 사랑도
물이었다.
겨울에 보이는
육신의 굴곡,
명확히 보이지 않는 외로움.

목욕을 마치면
비 마르는 주일 오후에
명륜동 골목을 빠져나가는
무지개같이,
다섯 색깔 정도의 무지개같이
가볍고 산뜻한 현기증같이.

물이 물을 씻는다.
투명한 물이
투명하지 않은 물을
비빈다.

시간의 과거와 지금이
속살거리는 목욕물 소리,
내 육신의 모든 부분이
차고도 투명한 물이 다시 되어
명륜동 2가나 3가에 내리는
한겨울의 눈.

우리들의 사랑도
물이었다.
지금 체중에도
남아 있는 온기.

두 개의 일상

익숙지 못한 저녁 이후에는
커피 잔에 뜬
바흐의 음악을 마신다.

서양에 몇 해 와서야
진미를 감촉하는
요원한 거리.

그만한 거리를 두고
가물에 피부가 뜬
전라도 한끝의 전답이
묵은 신문에서 살아나와
갑자기 내 형제가 된다.

죽으나 사나 형제여,
당신의 그림자는 길고 여위다
그 변치 않는 그림자를
황급히 주머니에 쑤셔 넣고
천장이 높은 파티에 참석한다.

밤에는
구겨진 내 그림자를 꺼내어
잊어버린 깃발같이
흔들어본다.

두툼한 부피의 주머니를,
내 그림자의 음악을
요즈음은 불편하도록 실감한다.

미스터 제임스 밀러에게

영등포를 안다고 하지 마라.
네 묘한 조소로 끝나버리는
영등포가 아니다.
영자도 순자도 봉순이도 있겠지만
맘마상 어쩌구로 끝나버리는
영등포는 아니다.

피난을 가서 장바닥을 싸돌고
꿀꿀이죽으로 배를 채워보면 안다.
토마토가 고깃덩이가 휴지 조각이 함께
부글부글 오장이 끓던 꿀꿀이죽,
그 맛을 음미해봐서 안다.

다시는 고생 안 하리라고
낡은 열차에 실린 환도還都,
비록 어두웠고 열차는 오래 서 있었지만
도강증渡江證, 도강증, 도강증
내 열 몇 살 핏기 없는 희망이
거기에 아직도 오래오래 남아 있다.

영등포를 안다고 하지 마라.
명랑한 가발 공장도 섰겠고
입체교차로가 드라이브에 좋다지만
내 군대 3년의 영등포에는
막걸리와 한기寒氣만이 있었다.
초조와 열등감이 빗물에 늘어져 산발하고
공연한 내 정신의 무질서를 밤마다 토하고 나서
오만하게 모든 의미를 구둣발로 차버리던
그러고는 창피해서 골방의 이불을 덮던
우리들의 참으로 희귀하고 진하던 청춘.
행방불명이 된 우리의 한기가
닳아빠진 보도步道나 문방구점 근처로
아직도 서성거리고 있을 거다.

영등포를 안다고 하지 마라.
고국을 떠난 지 벌써 수년,
모든 미스터 제임스 밀러여
내 상기되고 떨리는 목소리는
스무 살의 네 혈기 앞에서 중심을 잃는다.

선종 이후 1

1

밤에만 몰래 박꽃이 피더라.
나이 들어 청명해지는 보름달,
아버지 만년의 불면증은
슴슴하게 숭늉 대접에도 보이고
몰래 숨어서
오히려 마음 어두워지더라.

겨울에는 창호지 덧문을 닫고
질화로 잿가루를 자꾸자꾸
손끝으로 찍어내시더라.
불 꺼라, 이제 자자.
어두워서 잘 안 보이는 세상에서
크고 작은 야심의 연멸煙滅.

2

당신을 본다.
당신을 본다.
만 리 외국의 봄날 아침
낮은 안개의 속살거림,
밤새 흩어진 무변無邊한 외로움을
두 손으로 빗어 올리고
주일날 비상하는
새 한 마리.

선종 이후 2

1

피곤히 누우신 땅 주위로
작게 풀꽃으로 손짓하시다가
당신 영혼은 밤에 잠시
내 책상가로 산책 오셔
말씀을 주신다.
먼 길에도 숨결 고르시고
이승의 소리보다 몇 갑절 맑고 가볍게
당신은 미소하신다.
내 종신토록 더욱 가깝게 보이는
당신의 고운 늙으심.

2

등을 돌린다.
모든 사물의 의미에서
몸을 돌린다.

냉기의 잠자리가
아쉬운 꿈을 해산시킨다.
냉정하라.
꿈에 냉정하라.
문득 지표에도 없는 강산이
가슴 위에 산뜻이 선다.

선종 이후 3

당신의 웃음은
무기물질이다.
불태워도 타지 않고
땅에 묻어도 도저히
변하지 않는
불멸의 악곡이 되어
깊이깊이 연주되는.

당신의 웃음은
내 거실의 창밖이다.
내가 당신을 내다볼 때
당신은 풀이 되고 나무가 되고
바람, 안개도 하늘도 되는,
당신의 웃음은
어디에 가도 멀리 둘러싸는
내 풍경이다.

응시

내가 내려가는 2병동 북쪽 의자에는
항상 장님 소녀가 그림같이 앉아
두 손을 모으고 미소하고 있다.
발소리에도 열일곱 살쯤의 미소,
2병동 북쪽 어두운 복도에서
소녀는 매일 무얼 보고 있을까.
나는 비행기를 보고 있었다.
나는 책을 보고 있었다.
아니, 나는 다리를 보고 있었다.
술을 마시고 하의를 벗기고,
아니, 나는 물을 보고 있었다.
영등포로터리에 아침부터 찬비 내리고
나는 비닐우산을 쓰고
간밤 숙취로 식은땀을 흘리면서
진흙탕 군화에 고이는
빗물을 보고 있었다.
모든 것이 갑자기 무거워지고
오랫동안 참 오랫동안 나는,
빗물을 내려다보고 있었다.

그리고 평화한 시대가

그리고 평화한 시대가 오더라.
두둥 선대의 북소리 들리고
인경 소리 천지에 차고
큰 형제가 어깨를 붙잡고 울더라.
수천 년 같은 말 쓰던
조상들이 흙을 털고 일어나더라.
바다에서 뭍에서 산지사방에서
눈멀고 귀먹고 목숨 잃은
귀신들이 또 미쳐서 만세 하더라.
거대한 예감이 나라에 넘치고
익숙지 못한 꽃 더미의 진동에
반도의 허리가 어지러워 쓰러지더라.

나는 외국에서 나고 자라고
고국에서 사춘기를 보내고
다시 외국에 나와 있다.
내 사춘기의 여름에 남은 기억은
총과 창으로 죽은 시체들
천, 십만, 백만의 시체가

죽어서 썩어서, 우물 속에서 끓고
장작개비같이 쌓여서 태워서 탄화炭化하고
그래서 내 사춘기는 탄화하고
20년이 지나도, 새벽에도 꿈에도
내 사춘기는 우물 속에 빠지고
가해자들의 저음의 합창으로
사춘기의 온몸에는 소름이 돋고.
하룻밤만 지구의를 보며
재어보며, 다시 따져보면
새끼손톱보다 작은 금수강산에
당신 탐욕의 눈이 얼마나 치사한가 보리라.
다시 보며 다시 물어보라.
우리보다 불행한 나라
불행한 나라들을 손꼽아보라.
가슴을 쳐도 실패는 내 탓이다.
불행은 우리의 탓이다.

가위눌린 새벽꿈을 깨고
문득 눈물의 흔적을 감촉한다.

누가 모든 세설細雪을 막을 수 있으랴.
강토의 틈틈이에 죽은 시신,
그 뼛가루와 눈알의 황린黃燐, 적린赤燐을 모아
자꾸 꺼지고 자꾸 켜지는
수백만 개 촛불을 밝히리니—

그리고 평화한 시대가 오더라.
고구려의 땅도 발해의 벌판도
마음이 착해서 주어버리고
국립자연공원이 된 완충지대,
그 공원을 뛰어가는 토끼들을 본다.

제3강의실

序 一

 수년 전 일이지만, 불안이 버릇되어 밤새 눈을 뜨고 머물고 있을 때였습니다. 4년제 대학의 친구들은 졸업을 하고, 제법 얼굴에 여유를 그려 사회를 말할 때, 나는 실없는 방황과 술잔 때문에 빼앗긴 시간을 메꾸려고 친히 불면증을 초청하여 성적을 이어가던 때였습니다. 참 아직도 세상은 많이 모르고 있었습니다만.

1

 어느 날 햇볕이 따가운 가을날 오후에, 나는 2층의 제3강의실── 2, 30년 낡은 책상에서, 2, 30년 닦은 머리로 산과産科 강의를 받고 있었습니다.
 마침 애기는, 어머니 골반에서 머리를 꾸부리고, 밖으로 한 바퀴 돈 뒤, 머리를 내밀고 있었고, 어머니는 직경 10센티나 벌려지는 아픔을 그 특유한 모습으로 감수해야 했습니다. 그러나 한 생명의 탄생은 그 아픔보다 더 귀한 것이어서, 드디어 어머니의 아픔을 대신 몸에 휘감고 울음을 터뜨리는 것이었습니다. 어머니!

인간은, 그렇다면 이렇게 생기고 생겨서 땅 위에 넘치고, 햇볕이 따갑게 내려 나를 여물도록 하는 것일까요? 당신이 다시 한번 주시한다면 세상을 조금 잃게 되고, 애기는 다시 그 아픔을 체험하게 되는 것일까요?

2

내가 강의를 받던 그 수년 전의 강의실에서는, 50여 년 동안 천여 명의 나의 선배들이 거쳐 나간 곳이었습니다, 기억나시겠지만— 나는 강의에 열중하다가(열중한다는 건 몸에 좋다는군요) 벽에 기대었습니다. 벽은 내게서 불안을 가져가버리고, 벽은 내게서 미지에의 도약을 연기시켜주고 있었습니다. 철 늦은 파리는 놀라서 애기와 어머니의 사이로 달아나고, 벽은 계속해서 몸과 머리를 차게 만져주었습니다.

그러다가 문득, 내가 기대인 벽 저쪽에는, 시체들이

나란히 누워 있는 인체 해부 실습장이라는 걸 알았습니다. 내게 술과 담배를 가르쳐주고, 다시 그 속에서 시를 써주고, 종교를 발생시켜준, 내 미래의 친구들이 누워 있는 곳— 미술을 공부하는 아가씨는 보라색과 흙색을 충분히 섞어서 그리면, 그중 사실적인 화가가 되기에 알맞는 시체들— 실은 자기는 아니라고 믿기 때문에 빈번이 실패를 할 뿐이지만—보십시오. 의젓한 생명의 나들 이웃을.

3

천장에는 회벽이 이럭저럭 벗겨져서 그 우아한 모습이 한층 조각을 연상시키는데, 저 많은 파리 떼들은 인육을 빨아 먹다가 인육에 배인 불안을 토해내고 있었습니다. 그런데 아하, 한 개, 두 개, 또 한 개— 노란 햇빛이 춤을 추는군, 또 그 친구들의 소행이겠지.

교실의 뒤쪽, 창밖으로는 바로 골목이 있었습니다. 우리의 신경만큼이나 복잡한 골목이, 군용 텐트로 지붕을 만든 판잣집 바라크, 판잣집 사이로 말입니다. 내려다보면 몇 미터, 또 이 친구들입니다, 물론 훨씬 잘 기억이 나시겠지만. 아가씨들은 낮에는 찾아오는 손님이 적어, 아침잠을 깨고 나면 세수도 안 하고 늘상 이 짓입니다. 파경破鏡을 당한 여인이 들고 온 거울 쪽을 들고 햇빛을 교실 안으로 굴려 보내는 것이었습니다. 내려와! 내려와! 공짜로 해줄게! 청춘을 구가하는 노랫소리는 밤새 부지런히 나들던 손님들한테서 배우고 우리에게 가르쳐준다는 것이었습니다. 내려와! 내려와!

우리는 황홀한 햇빛의 장난을 보다가 모차르트의 클라리넷을 듣는 기분으로 눈이 빛나고 상쾌해지기 시작했습니다. 내려와! 내려와! 글쎄, 내려오라니까! 우린 아직도, 편안한 마음으로 저만큼에서, 남들의 이야기를 듣듯이 음악을 들을 수가 없었습니다.

4

산과 시간은 결국, 잘못 걸린 난산의 임부妊婦를 어떻

게 지켜보면서 요령 있게 새우잠을 잘 수 있는지의 문제를 남겨놓고 끝이 났습니다. 산과 시간이 끝이 나면서 비가 오기 시작했습니다. 내 버릇은 무엇이건 끝이 나면 다시 자연스럽게 시작되는 것이지만.

물론 그 가을에는 어쭙잖은 단풍 구경도 못 가보고 말았습니다. 음산한 빗소리에 명랑하던 '내려와 아가씨'들은 그들의 꿈의 궁전으로 들어가버렸고 저쪽 편 창 밑에서는 심혼心魂을 울리는 노래가 들려오고 있었습니다. 엇비슷이 서 있는 단층의 병리부검실에서였겠지요. 붉은 벽돌담에 두 손을 대고 늙수그레한 조선 토박이 여자와 갓 스무 살이나 됐음직한 학생이, 순아, 순아를 부르고 벽을 두드리면서 장단을 맞추고 있었습니다.

그러나 우리는 허구헌 날, 이 제3강의실에서 매일 한두 차례씩 이런 노래를 들어왔습니다. 처음 얼마는 내 목을 메이게 하고, 다음 얼마는 나를 숙연한 사색의 자세로 만들어놓더니, 그것이 지나고는 차차 귀머거리 병신이 되었는가 싶게 무심하였지만, 요즈음에 와서는 드디어 귀가 트이어 음악으로 들리고 있었습니다. 말하자면 중앙아시아의 광야에서 듣는 것 같은 음악으로 말입니다.

그러나 비가 오고, 가을은 흠씬 익어서 나뭇잎마다에 구슬을 다는데, 나는 문득 어린 날의 서정이 물결 일고 있음을 느꼈습니다. 순아, 순아, 너랑 나랑 같이 살면 매일매일 웃고 지내자. 우리말을 떠듬대던 내게는, 온 세상에 꼭 하나 예쁜 순이가 있었습니다만. 아이고, 아이고, 가엾어라, 순아, ─ 애 엄마의 쉰 목소리는 늙고 힘없었지만 비 젖은 긴 머리채와 광목 치마로 울음은 흔들려 나왔었습니다.

순한 아이는 먼저 죽고, 부검실에서는 나의 선배가 부검대 위에 순이를 올리고 가슴을 톱질하여 폐와 심장을 뜯어내고, 해골을 톱질하여 뇌를 들어내고 있었습니다(나는 항상 뇌를 만질 때는 두부로 오인하고 기분 좋은 느낌으로 자르곤 했습니다만). 피는 흥건히 괴어 순이가 살아 있던 날을 기억나게 해주었습니다. 도마를 들고 간을 채 썰러 들어가는 여의사는 얼마나 고상한 분인 줄 아십니까? 요즈음은 한창 데이트하기에 흥이 넘쳐 있었습니다. 다행히도 비는 세차게 내려, 지친 모자母子의 울음소리도 그치고 여의사님은 레인코트를 입고 가을 길을 걸으면서 간으로 서로 나눌 체온을 벌써부터 느끼고 있었습니다. 물론 무료 환자였으니까 할 수 없는 노릇이었지요. 법은 틀림없이 모두들 안전하게 지켜주고 있었습니다.

5

 강의는 끝이 나고, 나는 가방을 들고 제3강의실을 빠져나가야만 했습니다. 오늘은 우선 골방에서 도사리고 있는 친구에게 에스엠을 주사해주고, 신대륙을 찾아서 떠나는 어릴 적부터의 여자 친구를 만나야 했습니다. 이 여자 친구는, 내가 더 어릴 때는 어디고 할 것 없이 귀엽고 탐스럽기만 하더니, 몇 년이 지나니까 나보다 훨씬 앞서 가면서 드디어 호화롭게 되었습니다.
 나는 주머니를 뒤져 비닐우산을 사야겠다고 했지만 아무래도 이 여자 친구에게는 비닐우산이 미안할 것 같아 망설이지 않을 수 없었습니다. 그러나 나는 언제고 이 여자 친구 앞에서는 망설이기만 했기 때문에, 비닐우산은 도리어 내게 어울리겠지 하는 생각이 들었습니다.
 문득 윤회설! 제3강의실에는 지금도 애기는 새로 태어

나고, '내려와 아가씨'들은 밥을 많이 먹고 청춘의 절정을 유행가조로 불러젖히면, 시체들은 얼마쯤 세상을 비웃는 듯이 표정 짓고 천장을 향해 기도를 할 것이고— 그리고 부검실 벽에 아직 기대인 모자는, 죽음과 소녀의 피날레를 언제쯤 그칠 것인지, 그러나 문득 윤회설!

나는 다시 망설이다가 윤회설보다 우선 칼칼한 배고픔을 느꼈습니다. 그때는 인공위성을 띄우던 과학의 시대였으니까요. 나는 가방을 든 채 나만큼 망설이고 있는 비닐우산을 접고 막걸리 집으로 들어갔습니다. 여기가 나의 강의실인 것처럼……

序 二

이제 나를 기다리던 골방 속의 친구는 새로 푸르른 젊음을 장만할 것이고, 신대륙을 향한 경건한 기도는 아주 옛날에 나와 함께 꿈꾸던 소녀를 잠 깨워 데리고 갈 것입니다. 그래도 무엇인가 아쉬워서 그 다방에서 조금 기다리다가 떠날 것입니다. 결국은 반드시 웃고 떠날 것입니다.

참, 오랫동안 기다리셨습니다. 제3강의실에서 뜨겁게 지글지글 곱창을 굽고 있는 학생들이여. 지금 밖에는 길이 무너지게 비가 오고 있습니다. 길은 마침내 차단되어야만 하고 나는 남아서, 남아 있는 막걸리를 마시겠습니다. 이 비가 개이면 나는 조금 더 성장할 것입니다. 물론 아직도 세상을 무척도 모르고 있습니다만— 참 오랫동안 기다리셨습니다.

유태인의 목관악기

하여튼 사람이 사람을
죽이는 것은 반대다.

반대편에는 오보에를 부는 친구가
지금 각광받고 있지만
나는 군중 속에 숨어 있다.

숨어 다니는 목관악기 소리는
사랑보다 달지만
우리들의 고전은
머리부터 풀고 칼부터 물지.

자주 깨는 겨울밤,
잠 속의 친구의 결심.

경학원經學院 자리

 경학원 자리, 마른 소나무에 동여매고 애매한 동장 아저씨를 총살시켰지. 눈을 뜬 채 이마에서 피가 뻗더군. 사람이 사람을 죽이는 것을 처음 지켜본 국민학교 6학년, 6·25사변 때였지만.

 9·28수복 전날 밤, 사방에서 불길이 큰 산같이 오르는데 경학원 자리, 숨겨둔 쌀가마를 훔치러 갔지. 도망가고 뒹굴어 죽고 총 쏘는 아귀 사이에서, 부대 자루에 쌀을 넣고 도망쳤었어. 우리는 하도 굶었으니까.

 몇 해 피란 갔다가 돌아왔을 때, 경학원 자리. 그대로 앙상한 소나무를 깔아놓은 채 있고, 조금은 춥고 무서웠지만, 눈 오는 밤을 혼자 걸으면서 사랑하려고 했지. 세상 모든 것을 사랑하는 것만이 좋은 시인이 되는 길인 줄 믿고 있었지.

 엉성한 시인, 엉성한 의사가 된 뒤에도 가끔 찾아간 경학원 자리. 메마르고 헐벗고 먼지 덮였지만 내 어린 땀방울이 뛰는 것 보면 마음 가라앉더니, 이제 그나마 외지 생활의 먼 나그네 되어 가끔 꿈속에서나 만나면, 오너라, 오너라 하던 정겨운 소리 점점 멀리 들리고, 베개 적시는 꿈 깨어난 한밤중, 다시 한번 눈여겨보는 경학원 자리.

해설

따뜻한 마음, 따뜻한 시
— 마종기의 최근 시를 읽으며

김주연
(문학평론가)

1

잊지 마라,
낮게 타는 불은 산 위에 서고
빙판에 붙는 불은
우리들의 끝없는 대답이다.

———「빙하시대의 불」 부분

 우울해서, 펜도 잡기 싫은 6월 어느 날 바다 건너 날아온 마종기의 시를 읽었다. 남의 글조차 읽기 싫은 하염없는 허무의 바닥(허무! 웃지 말아주기 바란다. 1980년의 초여름은 참을 수 없이 허무하다. 나이 40이 다 되어서야

니체가 그토록 찡그린 얼굴을 하고, 벤이 차가운 돌의 표정으로 바라보았던 허무의 실상이 비로소 잡히는가. 많은 생명의 고통 속에서 허무라는 말의 생명을 겨우 느끼는 이 부끄러움!)에서 꼬박 한 달하고도 일주일이 지났다. 그리고 처음 읽은 것이 바로 그의 이『안 보이는 사랑의 나라』다. 예쁜 시, 아름다운 시, 슬픈 시, 그 누구도 거부할 수 없는 쉽고도 정직한 시. 이번따라 유난히 그의 시가 가슴을 메게 한다. 날카로운 칼로 살을 파고드는 것 같은 고통도, 육중한 음성으로 온몸을 흥분시키는 격렬한 정열도 그의 시와는 상당한 거리가 있다. 때로는 감상적인 느낌마저 줄 정도로 여리고 다감한 것이 그의 시가 주는 분위기다.

> 날아도 날아도 끝없는
> 성년의 날개를 접고
> 창을 닫는다. 빛의
> 모든 슬픔을 닫는다.
> ―「성년의 비밀」부분

「성년의 비밀」이라는 제목을 갖고 있는 시의 마지막 부분이다. 이해가 잘 안 가는 어려운 단어도 없고, 이른바 관념적인 난해의 그림자라곤 없다. '관념적'이라는 말은 애당초 이 시인과 무관하다. 어느 부분은 너무 쉽고 어느 부분은 너무도 일상 쓰이는 말들이라서 차라리 상투적이라는 느낌이 들 경우도 있다. 「성년의 비밀」 가운데 앞서 인용한 대목 같은 것도 비근한 예라면 예일 수 있을 것이다. 그러나 이 시의 앞부분을 읽고 보면 그 느낌은 스스로 경솔했음을 시인치 않을 수 없게 된다.

> 최후라고 속삭여다오.
> 벌판에 버려진 부정한 나목은
> 알고 있어, 알고 있어,
> 초저녁부터 서로 붙잡고
> 부딪치며 다치며 우는 소리를.
>
> 목숨을 걸면 무엇이고
> 무섭고 아름답겠지.
> 나도 목숨 건 사랑의
> 연한 피부를 쓰다듬고 싶다.
>
> ―「성년의 비밀」 부분

이렇다 할 내용은 없는 시다. '내용'이라고 하는 것보다 대상이 없는 시라고 하는 것이 옳을는지 모르겠다. 그러나 "나도 목숨 건 사랑의/연한 피부를 쓰다듬고 싶다"와 같은 표현은 놀라운 감동을 던져준다. "목숨 건 사랑"이 주는 치열함·무서움이 "연한 피부를 쓰다듬고 싶다"란 표현에 의해서 얼마나 절묘한 반전을 겪으면서 위로를 받고 있는가. 이런 기술은 단순한 말만의 기법이 아니다. 거기에는 그것을 통어할 수 있는 정신이 있어야 한다. 마종기에게는 바로 그것이 있다. 문학소녀의 섬세함뿐인 듯한 말의 표피를 열고 보면 그 속에 단단하게 도사리고 앉아 있는 인생과 시대의 거역할 수 없는 아픔이 있는가 하면, 그 아픔이 큰 소리 내어 오열하고자 하는 것을 재빨리 막아버리는 따뜻한 초극超克의 지혜가 있다. 이 정신과 기술이 이 시인의 매력이다. 그것은 이 시인이 20년이 넘는 시인으로서의 오랜 연륜을 통해 도달한 어떤 경지라고도 할 수 있겠으나, 나로서는 그것이 마종기 특유의 본성이라고 할 따뜻한 마음으로부터 우러나오는 본원적인 시의 승리라고 말하고 싶다.

2

마종기 시의 대상은 대부분 사적私的이다. 시뿐만 아니라 문학 일반에서 '사적'이라는 말은 그리 좋은 말이 못 된다. 문학이 쓰는 사람, 즉 작가의 이야기인 것은 분명하지만 작가 자신만의 이야기, 다시 말해서 사적이어서는 안 된다. 사적인 것은 순전히 그 자신만의 일이어서 다른 사람에게 공감을 줄 수 없기 때문이다. 작가 자신의 이야기이면서도 자신만의 이야기가 아닌 것, 그것을 보편성이라는 말로 부른다면 이 보편성이야말로 작가가 갖추어야 할 최대의 덕목일 것이다. 누구의 이야기인지 모를 것을 쓰면 구체성이 없고, 자신만의 이야기를 쓰면 사적인 경지로 떨어지는 이 어려움을 극복하는 곳에 작가의 능력이 있을 것이다. 마종기의 시가 사적인 것이라는 사실은, 그러나 분명히 그 대상이 사적이라는 점에 머물러 있다. 엄밀한 의미에서 아직 그것은 사적이 아니다. 그러므로 내가 말하고자 하는 것은, 누가 읽든지 시인 자신의 이야기 같은 것이 많이 나와 사적이라는 느낌을 가질지도 모를 이 시인의 세계가, 사실은 결코 사적이 아니라는 것을 밝히려는 데에 있다. 확실히 마종기 시의 대상이 일단 사적인 인상을 주는 것은 사실이다.

아버지는 돌아가신 뒤 주로 금곡 묘지 근처의 언덕을
중심으로 돌아다니시고 때때로 자식 걱정에 잠 못 드시겠
지만, 어머니는 십여 년 홀로 사시면서 요즈음은 남의 땅
신혼 시절의 골목길을 걸으신다지. 남동생은 이민 와서 에
리호 근처에 자주 나가 어처구니없어 앉아 있다더니 여동
생은 시카고 남쪽 흐린 연기 속에 무얼 하고 있을까.
　　　　　　　　　　　　　　　　—「중산층 가정」 부분

「중산층 가정」의 첫 부분인데, 시의 형식을 겨우 갖추

었을 뿐, 시인 자신의 집안 이야기이다. 이런 그의 '개인 사정'은 특히 시인이 의사라는 직업을 갖고 있고, 또 고국을 떠나 미국에 와 있다는 사실을 중심으로 각별히 부각된다. '의사'와 '외국 생활'은 확실히 이 시인에게 있어서 중요한 두 가지 모티프를 이루고 있다. '의사'의 모티프는 도처에서 발견된다.

    예과 시절에는 개구리 잡아 목판에 사지를 못 박고 산 채로 배를 째고 내장을 주물럭거리고 이것이 콩팥, 이것이 염통 외어도 봤지만, 개구리 배 속의 구조를 알아보아야 사실 그게 개구리와 무슨 상관인가. 개구리는 자꾸 일찍 죽고 싶었겠지.
—「개구리」부분

의학적으로 말하자면, 소리는
작고 큰 공기의 흔들림이
세 개의 흰 뼈의 다리를 지나
드디어 맑은 물에 닿을 때
피어나는 것.
—「새로운 소리를 찾아서」부분

가끔 당신을 만나요.
먼 나라 낯선 도시에

나는 지금 살지만

나를 찾아온 환자 중에서도

비슷한 윤곽, 안경과 대머리

당신은 미소하시겠지만

나는 말없이 반가워서 속으로 울어요.

—「선종善終 이후 4」 부분

1966년의 내 통계학은

50여 명의 살인

200여 명의 사망진단.

숨 거두는 모습 기다려보자면

사람들은 모두 같아,

참으로 외로워 보이더라.

한 줄씩 눈물을 흘리면서 헤어지지.

—「통계학」 부분

　의학교醫學校에 다니던 오월에, 시체들 즐비한 해부학 교실에서 밤샘을 한 어두운 새벽녘에, 나는 순진한 사랑을 고백한 적이 있네. 희미한 전구와 시체들 속살거리는 속에서, 우리는 인육人肉 묻은 가운을 입은 채.

—「연가 9」 부분

① 「개구리」 ② 「새로운 소리를 찾아서」 ③ 「선종 이

후 4」 ④「통계학」 ⑤「연가 9」 등의 작품 중 일부를, 시를 순서대로 읽어나가면서 무심코 뽑아본 것이다. 의사가 모티프가 되었다고 생각되는 작품들인데, 공통되는 점이 있다면 의사의 직업성 혹은 의사로 인한 어떤 과시적 표현이 거의 보이지 않는다는 점이다. 그는 이미 훌륭한 중견의 의사임에도 불구하고, 의사 모티프는 대체로 의술을 공부하기 시작할 무렵의 충격과 연결되어 있다. 의사로서는 가장 초기라고 할 예과의 의학도 시절부터 그는 이미 개구리 해부의 무의미함·덧없음, 생명의 안타까움을 호소한다(①「개구리」). ②는 이 시인에게서는 드물게 보게 되는 의학의 지식을 약간은 자랑스럽게 활용하고 있는 작품인데, 그것은 '소리'의 본질을 투영시켜보기 위한(시인은 소리에서 생명을 본다) 한 방법으로 쓰이고 있다. 그런가 하면 ③은 돌아가신 아버지를 그리워하는 일상적 생활인의 무심한 시절의 하나로 의사가 그려져 있다. 의사로서 생명의 허무함을 절실히 느끼면서도 절망하거나 미치지 않고 생명에 대한 따뜻한 사랑의 끈을 놓지 않겠다는 작은 의지가 엿보이고 있는 작품은 ④「통계학」⑤「연가 9」 등이다. 별로 어려울 것이 없는 이들 작품을 읽으면서 느낄 수 있는 것은, 의사 모티프가 사적인 관심을 훨씬 넘어서고 있다는 사실이다. 육체만을 대상으로 하는 그 즉물적 관심, 혹은 치유라는 과정을 통한 그 공리적 관심이 극복되고 아픔을 사랑으로 변위시키는 따뜻한 마음이 기본적으로 숨어 있음을 우리는 알게 된다. 이런 극복의 마음씨는 또 다른 사적 모티프로 생각되는 '외국 생활'에서도 마찬가지로 찾아낼 수 있다.

> 외국에 십 년도 넘게 살면서
> 향기도 방향도 없는 바람만 만나다 보면
> 헐값의 허영은 몇 개쯤 생길 수 있지.
>
> 호박잎쌈을 싸 먹고 싶다.
> 익은 호박잎 잔털 끝에
> 목구멍이 칼칼해지도록.
> 목포 앞바다의 생낙지도
> 동해의 팔팔한 물오징어도.
> ―「몇 개의 허영」 부분

그렇다. 파편이라는 뜻을 버릴 수 없다. 긴장의 순간에 빛나던 시간은 사라져버리고 더 이상 소리 낼 수도 폭파될 수도, 불을 지를 수도 없어서 자유로운, 자유로워서 아름다울 수 없는 침전의 생활을. 그러나 한낮에도 미지의 땅에서 먼지를 뒤집어쓰는 파편의 뜻을 버릴 수 없다.
―「중산층 가정」 부분

남해 작은 섬 평상에 누워

낮잠이 들기 전

한 마리 파리 소리

그립다.

외국의 고급 침대에 누워

잠이 오지 않는

여름 나이.

—「일상의 외국」 부분

여름 꽃이 웃는다.

이국의 한 병동에

이제 나는 의사가 되어

퇴원하는 환자에게 꽃을 준다.

보이지 않는 꽃,

십여 년 전 한여름의

내 웃음을 전해준다.

—「퇴원」 부분

  이들 작품들 역시 순서대로 읽으면서 뽑아본 것으로서, ①「몇 개의 허영」 ②「중산층 가정」 ③「일상의 외국」 ④「퇴원」 등의 일부이다. ①은 글자 그대로 외국 생활에서 얻게 된 고국에의 그리움을 말하고 있는데 외국 생활을 "향기도 방향도 없는 바람"이라고 규정하고 있

는 것이 눈에 띈다. 방향이야 없을지 몰라도 얼마만큼의
"향기"쯤 있는 것이 외국 생활 아닐까? 그러나 시인은
그렇게 생각하지 않는 것 같다. 그것은 이 마지막 부분
을 보면 잘 알 수 있다.

>이제 알 듯도 하다.
>돌아가신 선친이 다 던지고 귀국하신 뒤
>아쉬움 속에서도 즐기시던 당신의 가난을,
>가난 속에서 알뜰히 즐기시던 몇 개의 허영을.
>―「몇 개의 허영」부분

몇 개의 허영이란 과연 무엇인가? 바로 그것이 외국
생활에서 만나는 얼마만큼의 향기가 아닐까? 그러나 그
것은 시인에 의하면 다만 "헐값의 허영"일 뿐이다. "가난
속에서 알뜰히 즐기시던" 선친의 허영은 외국 생활을 청
산하고 돌아와 만난 고향의 모습, 즉 거울이 되어 다시
반영되고 있는 자기 자신의 모습이다. 다소 감상적일지
언정 그 그리움을 꼭 붙들고 살아가는 다정한 한 개인의
모습이다. 인용 ②에서는 외국 생활의 참모습을 "파편"
이라는 말로 강하게 표현하고 있다. 근자에 이르러 마종
기는 이런 투의 강한 어법을 자주 사용하고 있는데 여기
서도 "그렇다. 파편이라는 뜻을 버릴 수 없다"고 높은 톤
으로 말한다. 왜 외국 생활이 파편인가? 거기에는 소리

도, 폭파될 그 무엇도, 불을 지를 그 무엇도 없기 때문이다. 그것은 의사라는 직업인 혹은 일상인으로서는 만날 필요가 없는 격정의 세계다. 따라서 시인이 이 작품에서 "자유로운, 자유로워서 아름다울 수 없는 침전의 생활"이란 아름다울 수 없는 생활에 대한 한탄이며, 그것이 파편으로 이루어지는 자기 인식이다. 그렇다면 아름다운 생활이란 무엇일까? 「일상의 외국」이란 제목을 갖고 있는 ③의 시는 봄·여름·가을·겨울의 네 부분으로 구성되어 있는데, 그 한결같은 분위기는 고국에 대한 그리움이다. 평상에서도 잘 수 있는 낮잠이 고급 침대에서는 오지 않는 까닭은, 그가 십여 년 이상 외국에서 살고 있음에도 불구하고 외국 생활이 언제나 파편에 불과하다고 생각하기 때문에 생겨난다. 그리고 그것은 아름다울 수 없다고 생각하는 그곳의 생활 때문에 비롯된다.

그러나 뜻밖에도 우리는 ④에서 시인이 외국에서도 그렇게 불편한 생활만을 하는 것은 아니라는 하나의 조짐을 발견한다. "이국의 한 병동에/이제 나는 의사가 되어/퇴원하는 환자에게 꽃을 준다"는 대목을 읽었을 때, 이 시인이 외국에서 느끼고 있는 격리감·이화감異和感이 어느 정도 해소되고 있는 것이 아닌가, 혹은 보다 높은 사랑의 경지로 승화되고 있는 것이 아닌가 하는 단서를 잡을 수 있다. 그러나 그는 다시 말한다. "보이지 않는 꽃/십여 년 전 한여름의/내 웃음을 전해준다"고. 아,

아직도 시인의 눈에는 "보이지 않는 꽃"이 보이고 있는가. 그래서 퇴원하는 환자에게 준 꽃은 "십여 년 전 한여름의/내 웃음", 즉 고국의 그리움에 못 박힌 한국인의 사랑이었던 것인가.

    그래서 내 꽃은 긴 여행을 했다.
    당신은 그 모든 꽃 위에 의미를 주신다.
    피어나고 낙화하고 열매 맺는
    당신의 향기.
―「퇴원」부분

마종기가 「퇴원」을 이렇게 끝맺음하면서 "당신의 향기"라는 말로 고국과 고향과 젊은 날의 친구와 인정을 그 사랑의 모태로서 받아들이고자 할 때, 우리 또한 그와 더불어 "그 모든 꽃 위에 의미"를 가질 수 있다. 여기에서 우리는 그의 여린 듯한 그리움의 갈망이 단순한 그 자신만의 향수로 주저앉지 않고 보다 넓은 지평 위에 있는 인간들을 위한 따뜻한 사랑의 마음으로 성장하고 있음을 느끼지 않을 수 없다.

3

"나는 문득 튼튼한 사내가 되고 싶었다"(「꽃의 이유 2」)고 쓰고 있지만 마종기 시를 튼튼하게 해주고 있는 받침돌은 우렁찬 남성적 의지라기보다는, 따뜻한 사랑의 마음씨라는 것을 나는 거듭 말하고 싶다. 바로 이 사랑하는 마음이 의사라는 튼튼한 기능인, 그리고 미국이라는 편안한 외국 생활을 슬프게 만들고 있다. 그것은 동시에 미국에서 사는 의사라는 자신의 안정된 사적 카테고리에서 그가 벗어나 한 사람의 진실을 말하는 시인이라는 공적 카테고리로 올라서는 지렛대 구실을 하고 있다. 그의 사랑은 그렇기 때문에 돋보인다. 그의 사랑은 어디서 그런 힘을 얻을 수 있었을까? 그는 일찍이 이런 시를 쓴 일이 있다.

> 공동묘지를 새벽에 지나면
> 항상 박하 냄새 난다.
> 박하 내 나는 4각의 창
> 그 창밖에서 새벽은
> 안을 보는 연습이 필요하다.
> 천장도 바닥도 모서리도 없는
> 한 개인의 이온화 현상.
> 그 싱싱한 몸을 일으켜

밤이면 다시 목견目見하리니
언제 내 손을 깊이 씻어
당신의 지문을 찾아내리.

—「증례 5」부분

「증례 5」라는 작품의 끝부분인데, 이 시 앞머리에서 그는 의사의 오진과 환자의 죽음, 꿈속에서 사자死者와의 만남 등을 고백하고 있다. 의사 체험과 시적 자아와의 만남을 거의 동시에 출발한 이 시인에게 있어 직접·간접으로 시신과의 경험이 이 시인의 내면을 심화하고 거기서부터 사랑의 질감이 의미하는바 무엇을 깊이 터득게 하였다는 점을 우리는 부인하기 힘들 것 같다. "그 창 밖에서 새벽은/안을 보는 연습이 필요하다"고 했을 때, 그리고 "언제 내 손을 깊이 씻어/당신의 지문을 찾아내리"라고 말했을 때, 우리는 벌써 이 시인이 구체적인 주검 하나하나를 넘어 인간의 영원한 본질을 향한 어렵고 긴 길을 선택하고 있다는 점을 쉽사리 수긍하지 않을 수 없다.

물론 이에 앞서 더욱 처절했던 6·25 체험이 시인에게 사랑의 중요함과 어려움을 일깨웠던 증거도 있다.

몇 해 피란 갔다가 돌아왔을 때, 경학원 자리. 그대로 앙상한 소나무를 깔아놓은 채 있고, 조금은 춥고 무서웠지만, 눈 오는 밤을 혼자 걸으면서 사랑하려고 했지. 세상 모든 것을 사랑하는 것만이 좋은 시인이 되는 길인 줄 믿고 있었지.

─「경학원經學院 자리」부분

메마르고 헐벗었던 소년기 체험이 오히려 시인에게 사랑의 따스한 감정을 채찍질해주었다. 그리고 그것은 시체 해부실에서 사랑을 고백하고, 시신들의 냄새를 박하 냄새로 맡을 줄 아는 사랑으로 커갔다. 시인은 부모 형제를 떠나 외국으로 간다. 사랑의 따뜻한 마음씨가 부모 형제와 떨어진다는 것은 남다른 고통이다. 그러나 시인은 언제나 고통 속에서 사랑을 더욱더 키워왔다. 고국과 떨어져 사는 것, 사랑하는 마을과 떨어져 사는 것, 사랑하는 사람과 떨어져 사는 것은 언제나 마음 아프다. 그러나 단순한 그리움이 사랑이 아니라는 것을, 사랑하면서도 아무것도 하지 못하는 것이 얼마나 괴로운가를, 나아가서는 그리움의 대상이 그의 사랑을 배반할 때 그가 무엇을 해야 하는가에 대해서까지 그는 마침내 생각하기에 이르렀다. 그 성숙을 우리는 다음 시들에서 여실히 바라볼 수 있다.

그림 그리기를 시작했다.
겨울같이 단순해지기로 했다.

창밖의 나무는 잠들고
형상形象의 눈은
헤매는 자의 뼛속에 쌓인다.

항아리를 그리기 시작했다.
빈 들판같이 살기로 했다.
남아 있던 것은 모두 썩어서
목마른 자의 술이 되게 하고
자라지 않는 사랑의 풀을 위해
어둡고 긴 내면의 길을
핥기 시작했다.

―「그림 그리기」 전문

「그림 그리기」라는 이 시의 백미를 이루는 부분은 "형상形象의 눈은/헤매는 자의 뼛속에 쌓인다"는 표현이다. 마치 광막한 러시아의 평원을 방황하다가 돌아온 릴케가 파리의 작업실에서 손끝이 닳은 로댕을 만났을 때의 장면이 이렇다 할까! 우리는 여기서 마종기의 사랑이 그 나름대로 고통을 극복한 끝에 강인한 팔뚝을 얻고 있음을 본다. 이제 그는 그가 그리워했던 것들이 어떤 것임을 안다.

숨어 다니는 목관악기 소리는

사랑보다 달지만
우리들의 고전은
머리부터 풀고 칼부터 물지.

자주 깨는 겨울밤,
잠 속의 친구의 결심.
—「유태인의 목관악기」 부분

 멀리 있는 자가 더 잘 본다고 했던가. 그는 멀리 있어도 이제 우리와 떨어져 있지 않다. 잠 속에서 친구의 신음 때문에 자주 깨는 시인. 멀리 있는 사랑의 나라가 안 보이는 것쯤 당연하건만 그는 '안 보인다'고 안타까워하기 시작한다. 안 보이는 것이야 어제오늘의 일이 아니건만 왜 자꾸 안 보이는 것일까? 여기서 우리는 지금 마침내 시인이 무엇인가를 보고 있다는 작은 역설을 읽는다. 그가 본 것은 시인 자신에게만 안 보이는 것이 아닌, 모두에게 안 보이는, 혹은 모두 제대로 보고 있지 못한 거대한 역사적 상황이다. 그것을 그는 외국에서 사는 시인답지 않게 우리 역사에 대한 깊은 통찰을 통해서 보다 넓게 조망하고 있다. 시인 마종기의 사랑이 거두고 있는 튼튼한 개가이다. 그가 미국에 있든 한국에 있든 그는 항상 우리와 함께 있을 아름다운 사랑의 시인이다.

이 고장의 바람은 어두운 강 밑에서 자라고
이 고장의 살과 피는 바람이 끌고 가는 방향이다.
서소문 밖, 새남터에 터지는 피 강물 이루고
탈수된 영혼은 선대의 강물 속에서 깨어난다.
안 보이는 나라를 믿는 안 보이는 사람들.
　　　　　　―「안 보이는 사랑의 나라」 부분